CONTENIDO

Prefacio — 5
Introducción — 7

1. La Evangelización es Expresión de la Gracia de Dios — 9
2. El Cristo de los Evangelios — 14
3. El Evangelio de Cristo — 19
4. Buenas Noticias en medio de nuestra Desolación — 23
5. Discipulado como Estilo de Vida — 28
6. La Nueva Comunidad — 33
7. Testimonio en el Espíritu — 39
8. La Etica del Amor — 44
9. La Prioridad del Reino — 48
10. El Círculo Abierto — 54
11. Evangelización y Testimonio — 60
12. Evangelización y Amistad — 64
13. Evangelización y Esperanza — 68
14. Evangelización y Cambio Social — 74

Para un Estudio Más Profundo — 79
El Autor — 80

PREFACIO

Hoy en día hay en el mundo una gran variedad de conceptos y métodos de evangelización. Algunos son directos y otros son más bien indirectos. Los más directos emplean la técnica del vendedor; los otros apelan a la amistad.

En este librito el autor presenta un concepto cabalmente bíblico de la evangelización. El ejemplo perfecto es Dios, que vino a nosotros en Jesucristo. No vino como vendedor sino como un verdadero amigo. "Venid a mí todos los que estáis trabajados y cargados, y yo os haré descansar". (Mateo 11:28). Podemos aceptar una invitación así porque responde a nuestra necesidad. Estas palabras son las de un amigo que ha sentido nuestro cansancio y lo ha vencido.

El autor, que ha estudiado las escrituras toda su

vida, expone ideas nuevas acerca de cómo compartir la fe. Demuestra cómo cada paso del diario andar del cristiano con Jesús se convierte en evangelización. Es lo que somos, lo que hacemos, y lo que decimos. Es lo que estamos llegando a ser en la comunidad de los creyentes.

Evangelización y Discipulado es el volumen VI de la serie LA FE MENONITA cuya lista aparece en la contratapa posterior. Además de estar fundamentado en la Biblia, el libro refleja el punto de vista anabautista del siglo dieciséis, y el de los menonitas del siglo veinte.

Aquellos que deseen profundizar en el tema pueden consultar la bibliografía que aparece al final del libro.

—J. Allen Brubaker

INTRODUCCION

Evangelización es todo aquello que hace posible que las personas lleguen a tener fe en Jesucristo. Es la palabra afectuosa y también el servicio hecho con amor en el nombre de Cristo. Evangelizar es compartir el gozo de la nueva vida en Cristo por medio del compañerismo y la amistad. Es invitar a las personas a que coloquen sus vidas bajo el señorío de Jesús.

Tener fe en Jesús significa encomendar completamente nuestra vida a él. Creer es convertirse en un discípulo. Como ha dicho Dietrich Bonhoeffer, "Sólo aquel que obedece cree verdaderamente, y sólo aquel que cree obedece verdaderamente." La fe no es una experiencia privada. Carl F. H. Henry dice, "La salvación es personal, pero nunca es privada."

Cuando sometemos nuestras vidas a Jesús, pasamos a formar parte de su pueblo. El Nuevo Testamento dice que esta comunidad mundial de creyentes es el "cuerpo de Cristo." Así como el cuerpo de una persona hace visible su personalidad, la comunidad del pacto, es decir, la iglesia, hace visible a Cristo en el mundo. Cada discípulo cristiano asume una participación responsable en esta comunidad nueva. En ella cada uno vive de acuerdo con la Palabra y el Espíritu de Cristo, expresando en amor y santidad una nueva calidad de vida por la gracia de Dios.

La evangelización es la práctica de la comunidad cristiana. Es experimentar a diario en su medio la presencia del Señor resucitado. Es invitar a las personas a reconocerlo como Señor y a formar parte de su reino. Cuando las personas responden a Cristo con fe y se comprometen a seguirlo, experimentan un "nuevo nacimiento". Así comienza una nueva vida, con un nuevo Señor, con una nueva motivación, una nueva fraternidad, una nueva dirección, y un nuevo estilo de vivir.

La evangelización debería ser vista como un aspecto esencial de la vida de la iglesia. Emilio Brunner ha dicho, "La iglesia existe por la misión así como el fuego existe por la llama." La iglesia se reproduce al conducir a las personas a Cristo. La evangelización debe ser considerada tan importante como la alabanza, la fraternidad, la educación y el servicio.

Jesús dijo, "Porque el Hijo del Hombre vino a buscar y a salvar lo que se había perdido." (Lucas 19:10). Y también, "Como me envió el Padre, así también yo os envío." (Juan 20:21).

LA EVANGELIZACION ES EXPRESION DE LA GRACIA DE DIOS

En esto se mostró el amor de Dios para nosotros, en que Dios envió a su Hijo unigénito al mundo, para que vivamos por él.
En esto consiste el amor: no en que nosotros hayamos amado a Dios, sino en que él nos amó a nosotros, y envió a su Hijo en propiciación por nuestros pecados. *1 Juan 4:9-10*.

DIOS envió a su Hijo para mostrar su amor por el mundo. Lo envió aún cuando éramos pecadores, porque el amor y el perdón son parte de su naturaleza. Llamamos "gracia" a esta expresión del profundo amor de Dios y a lo que hizo para manifestarse a nosotros. Decimos de Juan 3:16, que es "el texto de oro de la Biblia" porque expresa tan claramente este favor del cual no somos merecedores: "Porque de tal manera amó Dios al mundo, que ha dado a su Hijo unigénito, para que todo aquel que en él cree, no se pierda, mas tenga vida eterna."

Pablo en su carta a los efesios dice, "Porque por gracia sois salvos por medio de la fe; y esto no de vosotros, pues es don de Dios" (Efesios 2:8). Esto quiere decir que Dios por su amor se acercó a nosotros antes de que nosotros nos acercáramos a él. Este acto de amor en Cristo hace posible nuestro arrepentimiento. Al arrepentirnos, nos volvemos de nuestros caminos a su camino, aceptamos el perdón que por gracia nos concede y nos abrimos a la comunión con él. En Juan 1:12 leemos "A todos los que le recibieron, a los que creen en su nombre, les dio potestad de ser hechos hijos de Dios."

Estas son las buenas noticias, el evangelio: Dios nos ama y no solamente está listo a aceptarnos sino que en realidad nos llama. En este sentido, evangelización es la obra primera de Dios: llamar un pueblo para sí. Por lo tanto, basamos nuestra idea de evangelización, nuestra teología de la evangelización, en la gracia de Dios. En la evangelización nos transformamos en verdaderos agentes de Dios mediante los cuales él efectúa su llamado de gracia a otros. Nuestro estilo de evangelización está dado por el hecho de que somos representantes de Dios.

La intención de Dios es que todos puedan ser salvados. Sus actos salvadores tienen lugar a través de toda la historia humana, como se ve en el Antiguo y en el nuevo Testamento. En realidad, la Biblia entera es un pacto de gracia. El llamado de Dios a Abraham es la ilustración clásica del Antiguo Testamento, y todos los que responden por la fe como lo hizo Abraham son llamados en el Nuevo Testamento hijos de Abraham (véase Romanos 4). Y Dios mandó a Abraham a ser su representante en la sociedad, prometiéndole que de su simiente, todas las familias de la tierra serían bendecidas. Es decir, a través de su descendencia vendría el Cristo en quien todos los pueblos pueden llegar a creer.

Pablo escribió a los corintios, "Así que, somos embajadores en nombre de Cristo como si Dios rogase por medio de nosotros; os rogamos en nombre de Cristo: Reconciliaos con Dios." (2 Corintios 5:20). Estamos llamados a compartir con Dios su misión suprema de atraer a las personas a tener comunión con él.

En el momento antes de su ascensión, Jesús dijo a sus seguidores, "Toda potestad me es dada en el cielo y en la tierra. Por tanto, id, y haced discípulos a todas las naciones, bautizándolos en el nombre del Padre, y del Hijo y del Espíritu Santo; enseñándoles que guarden todas las cosas que os he mandado; y he aquí yo estoy con vosotros todos los días hasta el fin del mundo." (Mateo 28:18-20). Con estas palabras Jesús nos asignó nuestra tarea y nos aseguró su presencia. También prometió que cuando hubieran dos o tres reunidos en su nombre, él estaría en su medio. En Mateo 28:20 promete que cuando testifiquemos acerca de él, estará con nosotros, porque su llamado de gracia lo hace por nuestro intermedio. Nuestro estilo de evangelización reflejará la presencia de Jesús en nosotros. Cuando evangelizamos, lo haremos en la forma como él lo haría.

En el siglo dieciséis los anabautistas—reformadores radicales—entendieron que las palabras de Jesús constituían un mandamiento a la iglesia de todos los tiempos. Así que fueron por toda Europa predicando a Cristo. En cambio, los otros reformadores, creyeron que este mandato estaba dirigido solamente a la iglesia de los primeros siglos. En mi calidad de participante del movimiento anabautista, me admira el espíritu y la dedicación de esos cristianos del siglo 16. No solamente ganaron millares de personas para Cristo, sino que también permanecieron fieles aún hasta el martirio. Entre 5.000 y 10.000 de estos primeros anabautistas recibieron la muerte por causa de su fe. Creían que sus vidas podían ser entregadas por Cristo y por su reino, que el sufrimiento es un aspecto del testimonio.

Cuando comprendemos que la evangelización es una expresión de la gracia de Dios, sentimos que es importante cómo expresamos esa gracia en nuestro testimonio. No queremos emplear técnicas que manipulen, ejerzan coerción, o violenten el libre albedrío de cada persona. No queremos pervertir la naturaleza de las "buenas nuevas". Nuestro móvil será el más sincero amor, para que las personas sean atraídas a Cristo y no alejadas de él.

La historia del tiempo que Mahatma Gandhi pasó en el sur de Africa ilustra cuán cercanos están el mensaje y el método. Este gran dirigente de la India fue rechazado en la puerta de una iglesia cristiana de Sudáfrica con las siguientes palabras: "Esta iglesia no es para los que son como tú. Es para los blancos europeos". A menudo se ha dicho que cuando Gandhi volvió a la India, su rechazo no fue tanto hacia Jesucristo como hacia la imagen distorsionada de Cristo que le había sido dada. ¡Qué tragedia! Gandhi tomó prestadas las enseñanzas de Jesús, pero no lo confesó como Señor y Salvador suyo.

Debe añadirse que poco antes de ser asesinado,

Gandhi dijo que era hindú y no cristiano; había entendido que ser cristiano quería decir ser occidental, pero él era oriental. ¡La comunidad cristiana debía haber aclarado que el cristianismo no es occidental u oriental, que no hay una cultura cristiana como tal! Dios ama al mundo. En su gracia, Dios invita a las gentes de todas las culturas a dejarle entrar en sus vidas.

La evangelización es la práctica de la gracia de Dios; es su labor reconciliadora en Cristo. Participamos con él en la tarea de evangelizar testificando acerca de esta reconciliación. Estamos llamados a ser modelos de la gracia de Dios compartiendo su amor con otros, y debemos proclamar su gracia al proclamar su evangelio. Con nuestras vidas debemos demostrar nuestro mensaje. Leonardo Dorfbrunner, un caballero imperial, fue convertido a Cristo por el testimonio anabautista en mayo de 1527. En el Sínodo de Augsburgo, el 20 de agosto de 1527, fue comisionado para ser pastor y evangelista. Sólo cuatro meses más tarde, en enero de 1528, fue muerto por su fe. En este corto período y por la claridad de su testimonio activo se convirtieron unas 3.000 personas, a quienes bautizó.

2

EL CRISTO DE LOS EVANGELIOS

> Jesús le dijo: Yo soy el camino, y la verdad, y la vida; nadie viene al Padre, sino por mí. *Juan 14:6*.
>
> Mas a todos los que le recibieron, a los que creen en su nombre, les dio potestad de ser hechos hijos de Dios. *Juan 1:12*.

LA buena noticia de los evangelios es que Dios se ha dado a conocer en Jesucristo, su Hijo, como un Dios amoroso, personal, perdonador y acogedor. Constituye una buena noticia saber que:

—en su santidad Dios no solamente juzga sino que perdona el pecado;

—en su amor, Dios se acerca a nosotros y nos acepta;

—en su gracia, Dios nos transforma en hijos suyos;

—en su futuro, ¡Dios nos incluye para la eternidad!

Conocemos a Dios porque lo encontramos en Jesucristo. Jesús dijo, "El que me ha visto a mí, ha visto al Padre." (Juan 14:9). Pablo escribe en Filipenses 2:6-7 que Cristo "era de naturaleza divina", pero en Jesús de Nazaret adoptó naturaleza humana. En Colosenses 1:15 Pablo dice que Cristo "es la imagen del Dios invisible". El mensaje del evangelio anuncia que el Dios Creador, totalmente diferenciado de su creación, ha venido a nosotros en Jesucristo para que podamos comprenderlo y ser reconciliados con él.

El Cristo del evangelio no es una figura imaginaria: es Jesucristo de Nazaret, que expresó en forma concreta la naturaleza y la voluntad de Dios. Cuando reconocemos que Jesús es Salvador y Señor, aceptamos al Jesús total. Es decir, aceptamos que Jesús es la única expresión completa de la voluntad de Dios; él expresó la voluntad de Dios en lo que dijo, en lo que hizo y en lo que fue. Enseñó la voluntad de Dios según se aprecia en el Sermón del Monte y en las enseñanzas a sus discípulos, incluyendo sus palabras de despedida pronunciadas la noche de su arresto. Jesús cumplió la voluntad de Dios en su vida diaria, en su ministerio de amor y compasión, y en su muerte en beneficio de nuestra pecaminosidad. En su misma persona Jesús era la voluntad de Dios, ya que con su carácter y sus actitudes, con su vida de oración y su confianza, con su espíritu e integridad, nos mostró el significado pleno de ser persona.

Cuando hablamos a la gente de Jesús, le presentamos al Jesús del Nuevo Testamento, al Jesús de los evangelios. Muy a menudo, las personas reforman a Jesús de acuerdo con sus propias filosofías, culturas, o intereses. Jesús es el Señor de la vida; él es la medida de toda presentación de la gracia de Dios, porque esa presentación debe estar en un todo de acuerdo con la gracia que encontramos en Jesús de Nazaret. Este Jesús no puede ser reducido a una figura aceptable en una cultura, porque él dijo: "Si alguno quiere venir en pos de mí, niéguese a sí mismo, tome su cruz cada día, y sígame." (Lucas 9:23). No se trata del "dulce Jesús" de las emociones pietistas. No se trata del amoroso e inocente maestro de la comedia musical *Godspell*. No se trata del mesías ideal pero ilusorio presentado por *Jesucristo Superstar*. No se trata del Jesús inofensivo del liberalismo que confía en el potencial humano. No se trata del Jesús de la "religión civil" que coloca en el centro al estado en lugar de la comunidad del pacto con Dios. No se trata de un indefinido "principio crístico" que no es sino un concepto filosófico.

Se trata del Jesús histórico del evangelio; él murió por nuestros pecados y volvió a levantarse; es el Señor exaltado a la derecha de Dios y está activo en el mundo por medio de su Espíritu Santo. Este Jesús nos proporcionó nuestra redención. Así reconciliándonos con Dios, nos llama a vivir una vida nueva. En esta vida nueva nos asociamos con él voluntaria y deliberadamente, nos transformamos en sus discípulos, nos identificamos con él como Señor de nuestras vidas, Evangelizar es invitar a la gente a vivir esta vida en Cristo, a convertirse en sus discípulos. No llegamos a comprender cabalmente el amor y la gracia de Dios, ni los misterios de su obra y voluntad soberanas, pero podemos responderle y caminar con él.

La fe cristiana gira en torno a la persona y autoridad de Cristo. La irrupción de su reinado nos invita a cambiar de señor y a rendirnos a él. Al responder con fe, experimentamos conversión, lo que cambia por completo nuestra vida. Este cambio de orientación afecta el aspecto espiritual y material, personal y social de la vida. Pertenecer a Cristo significa pertenecer a su reino y ser reconocido como parte del mismo en el mundo. Como discípulos de Cristo, damos a su ley el primer lugar en nuestras vidas; nos plegamos a Dios en su propósito evangelístico para con la sociedad. Como consecuencia de este "ir por todo el mundo", cada persona es colocada en la situación de tener que optar o no por Jesús y su reino. Él convierte y salva al ser humano de perderse en sus propios caminos.

La Escritura dice, "No hay otro nombre bajo el cielo, dado a los hombres, en que podamos ser salvos." (Hechos 4:12). Esto quiere decir que Jesús es el único Salvador. También que la salvación viene a nosotros por la gracia de Dios que envió al Salvador y que podemos recibir esta gracia salvadora solamente en Jesucristo. Ésta puede parecer una creencia muy limitada y difícil de tolerar. Sin embargo la evangelización evita el fanatismo por el carácter de su testimonio; no queremos discutir que nuestras ideas o nuestra religión son absolutas sino que damos testimonio de que Dios se ha expresado de manera única en Jesucristo. Lo que compartimos es la buena nueva de que Dios puede ser y es conocido a través de Jesús; que Dios ofrece su gracia a las personas pecadoras para perdonarlas y reconciliarlas consigo. La religión es simplemente la expresión de que la humanidad está consciente de una realidad última. Sin embargo, la salvación sólo puede ser el don de un Dios que perdona. Jesús es ese don para nosotros.

Evangelizar es invitar a las personas a venir a Jesús; es llamarlas a ser sus discípulos y a servirle en la comunidad de discípulos. Lo preponderante es nuestra relación con el Maestro y no del aspecto emocional de una experiencia religiosa. Ser discípulo es una experiencia, un acontecimiento, pero no se limita a un momento en la vida. Como dijo Hans Denck, un anabautista del siglo dieciséis, "Nadie conoce a Cristo a menos que lo siga diariamente en la vida ..." Este caminar con Cristo diariamente nos libera de esforzarnos por lograr la perfección moral, porque nos concentramos en seguirle y no en ser buenos. He aquí una confesión simple pero sincera que ha ayudado a muchas personas a seguir a Cristo en la vida diaria: "Hoy someto a Dios tanto de mí mismo como soy capaz, según el mejor conocimiento que tengo de él en este momento".

EL EVANGELIO DE CRISTO

Y sacándolos, el carcelero les dijo: Señores, ¿qué debo hacer para ser salvo? Ellos dijeron: Cree en el Señor Jesucristo, y serás salvo, tú y tu casa. *Hechos 16:30-31*.

ADVERTIMOS un cambio notable cuando nos trasladamos de los cuatro evangelios al libro de los Hechos. En los evangelios Jesús habló de las buenas nuevas (evangelio) del reino. En los Hechos, los discípulos no solamente anunciaron sino que también demostraron que el evangelio o la buena noticia es el propio Jesús. El reino del cual Jesús habló es claramente "¡el señorío del Rey mismo!" En Hechos 2, Pedro predicó el día de Pentecostés que la muerte y resurrección de Cristo constituyen el corazón del evangelio. Por ejemplo, en Hechos 3, Pedro y Juan hicieron un milagro sanando en nombre del Cristo resucitado. En Hechos 4:18 Pedro y Juan fueron advertidos por el concilio de no enseñar o hablar en el nombre de Jesús. Pero contestaron, "No podemos dejar de decir lo que hemos visto y oído" (4:20). En Hechos 7, Esteban predicó y dio testimonio de la resurrección de Jesús. Y en Hechos 9:20, después que Pablo se convirtió, "En seguida predicaba a Cristo en las sinagogas, diciendo que éste era el Hijo de Dios".

El corazón del evangelio es, por lo tanto, Jesús mismo. En las cartas de Pablo la frase "en Cristo" aparece unas 160 veces; esto se refiere a la relación reconciliada que tenemos con Dios. De esta buena noticia Filipenses, capítulo 1, habla media docena de veces, lo que Pablo interpreta diciendo que "Cristo es anunciado" (1:18). Evangelizar no es otra cosa que invitar a las personas a venir a Jesús. Es invitarlas a identificarse con él aceptándolo como su Señor y a caminar con él en la vida. Pablo escribió a los romanos, "Si confesares con tu boca que Jesús es el Señor, y creyeres en tu corazón que Dios le levantó de los muertos, serás salvo" (Romanos 10:9). Jesús llega a ser nuestro salvador cuando es nuestro Señor—aquél que gobierna nuestros pensamientos y nuestros actos. Nos salva de nuestros pecados, de nuestra perdición, de andar por nuestros propios caminos en lugar de ir por el camino de Dios. Me salvó cuando fui a él la primera vez, pero me continúa salvando de lo que yo podría llegar a ser sin él.

El evangelio de Jesús no es simplemente un buen consejo para encontrar la manera de complacer a Dios viviendo rectamente como vemos que Jesús vivió. Somos pecadores; es decir, nuestras vidas son ego-céntricas en lugar de girar en torno a Dios. Por lo tanto, somos incapaces de complacer a Dios por nuestro propio esfuerzo. Tratar de hacerlo es ya una ofensa a Dios, porque él desea que tengamos comunión con él y no las acciones que nosotros suponemos buenas. El evangelio es buenas noticias y no solamente buenos propósitos. Cuando damos testimonio a las personas queremos que adviertan que Dios tiene más interés en ellos que en lo que han hecho. Quiere que tengan comunión con él, y entonces su conducta diaria reflejará esta relación.

Compartir el evangelio es presentar a Jesús a la gente. Aunque tiene muchos aspectos importantes y válidos, la nueva vida en Cristo no constituye en sí el evangelio. Los creyentes pueden pensar en un evangelio de libertad, un evangelio de paz, un evangelio de simplicidad de vida, un evangelio de justicia, etc. Son todos aspectos importantes de la vida cristiana pero no son el evangelio de Cristo. El evangelio proclama al Cristo que perdona, al Cristo que reconcilia, al Cristo que bautiza con su Espíritu, al Cristo que transforma, y al Cristo que nos capacita para vivir en amor y paz. Como dijo Pablo, "Porque para mí el vivir es Cristo" (Filipenses 1:21).

Cuando colocamos al Cristo en el centro de nuestras vidas, muy pronto reconocemos que evangelizar es hacer discípulos. Nos relacionamos con las personas para que observando nuestra vida de discípulos de Jesús puedan descubrir cuál es la voluntad de él para sus vidas. Evangelizar es llevar a las personas a la fe. Es invitarlas a integrar la comunidad del pacto de los "seguidores de Jesús". Es simplemente ayudar a las personas a encontrar el estilo de vida de Jesús.

Muchas personas aparentan ser autosuficientes,

pero bajo esa fachada tienen hambre de encontrar un significado más profundo para la vida. Una vez iba en el ómnibus del aeropuerto La Guardia, de Nueva York, cuando se sentó a mi lado un elegante caballero, canoso, de muy buena presencia. Me presenté diciéndole que yo era pastor menonita, evangelista, y presidente de un colegio cristiano. Me dijo su nombre y también que era médico, y que venía de Maine para trabajar en un hospital de Nueva York. Entonces le comenté que como yo era cristiano, tenía interés en saber acerca de su fe. Me respondió directamente, "Soy ateo. ¿Tiene algo de malo?" Le respondí, "Bien. Usted es una persona educada, una persona que razona, y tiene todo el derecho de creer lo que quiera". Me di cuenta de que mi respuesta le sorprendió.

Mientras conversábamos sobre otra cosa, de pronto me dijo, "Mi esposa es cristiana, pero tenemos tres hijos adolescentes que están tomando mi misma posición, y eso me preocupa". Yo simplemente le pregunté, "¿Por qué?" Luego retomé deliberadamente la conversación sin insistir en el asunto religioso. Un momento después dijo, "Cuénteme sobre ese colegio donde usted trabaja. ¿Podrían entrar mis hijos? Sería una buena experiencia para ellos". Otra vez pregunté, "¿Por qué?" Entonces él sonrió y dijo, "Usted quiere que yo admita que su posición es más satisfactoria que la mía, no?" Y desde ese punto hasta el final de nuestro viaje hablamos sólo acerca de Jesús. Un hombre que se decía ateo resultó estar muy interesado en Jesús—pero no en ideas religiosas que le quisieran ser impuestas. Y el Espíritu de Jesús continuará su obra de gracia llamando a tales personas hacia él.

BUENAS NOTICIAS EN MEDIO DE NUESTRA DESOLACION

Los sanos no tienen necesidad de médico, sino los enfermos. Id, pues, y aprended lo que significa: Misericordia quiero, y no sacrificio. Porque no he venido a llamar a justos, sino a pecadores, al arrepentimiento. *Mateo 9:12-13*.

Porque el Hijo del Hombre vino a buscar y a salvar lo que se había perdido. *Lucas 19:10*.

PECADO significa que "cada uno se apartó por su camino" (Isaías 53:6). El pecado es rebeldía contra Dios, es excluir a Dios de nuestra vida. Este alejamiento de Dios produce un profundo sentimiento de culpa, porque intuimos que la vida encierra algo más que nuestro egocentrismo. Como dijo Agustín, "Para tu gloria hemos sido y somos creados y nuestros corazones están insatisfechos hasta que descansan en ti".

Pero pecado no es solamente rebeldía, hacer caso omiso de la ley, o violar la voluntad de Dios. Es una perversión de nuestras vidas que afecta todo el ser. El pecado es la corrupción del bien. Es degradar algo que Dios quería que fuera mejor. Es verdaderamente malgastar la vida, elegir un camino de inferior calidad.

Dios nos creó a su imagen, pero el pecado dañó esa imagen. Nos realizamos plenamente cuando esa imagen es restaurada mediante un nacimiento espiritual que es obra del Espíritu Santo. Esta integridad se halla en Cristo, como Pablo indica, "Vosotros estáis completos en él" (Colosenses 2:10).

En contraste, si lo rechazan, las personas continúan en la alienación que él vino a sanar. Es ese el "misterio de la iniquidad"—el orgullo humano está tan decidido a seguir en lo suyo que los hombres continúan en sus propios caminos egoístas a pesar de su abatimiento.

Reinhold Niebuhr califica al pecado humano de orgullo, que se manifiesta como sabiduría mundana o como sensualidad. A nivel cultural, el orgullo se expresa egoístamente como poder y "status", mientras que al nivel sensual, el orgullo utiliza a los otros para el propio placer. Cuando no vivimos de acuerdo con el significado más alto de la vida, conforme a la voluntad e integridad de Dios, acudimos a niveles inferiores de egoísmo, sensualidad, violencia e injusticia. Es en ese mundo de odio y corrupción donde el reino de Dios irrumpe con un nuevo orden. La irrupción de su reino ocurre mediante la introducción de una nueva comunidad de discípulos; son los seguidores de Cristo, el pueblo del camino que vive diariamente siguiendo el mandamiento de Jesús de "buscar primeramente el reino de Dios y su justicia" (Mateo 6:33).

Nos es necesario reconocer que las personas vienen a Cristo por diferentes motivos. Algunos vienen con preguntas intelectuales, como Nicodemo. Algunos vienen porque están solitarios y necesitan compañerismo, como Zaqueo. Algunos vienen porque Dios cuestiona su celo equivocado, como Pablo. Y algunos vienen conscientes de la gracia soberana y atraídos por la misma. La tarea principal de los evangelistas es, con la ayuda del Espíritu, hacer notar a las personas que Dios es la respuesta para sus necesidades individuales, y colocarlos cara a cara con el Salvador. Wesley dijo, "Les ofrecí a Cristo".

Como dijo una vez Samuel Miller, de la universidad de Harvard, "La fe no explica la realidad; la descubre". Así que evangelizar significa poner a la gente frente a la realidad de Cristo. La verdadera evangelización demuestra a través de nuestras vidas que la fe nos relaciona con la persona de Jesús. Esto es muy importante en una sociedad urbana. La sociedad de las grandes ciudades carece de ese sentido de comunidad en el que los valores de la fe pueden ser mejor expresados. Allí los vecinos a menudo no quieren conocerse unos a otros. Además, enfrentan solos los problemas de la sociedad. Han cambiado la familia extendida por la familia nuclear, la comunidad por el individualismo, y los vecinos han perdido la conciencia de comunidad y de responsabilidad mutua. Y como más y más personas irán a vivir a las ciudades en el futuro, es preciso saber cómo vivir y servir en el contexto urbano. En estos momentos un billón de personas vive con menos alimento, vestido, vivienda y salubridad de lo que necesitaría. Muchos se van a dormir con hambre, con frío, a la intemperie, y enfermos.

Estas condiciones de pobreza producen cambios básicos en la forma de pensar y en el estilo de vida. Pasamos a una mera supervivencia, rebajando nuestro concepto del significado de la vida. En segundo lugar, vamos dejando de relacionarnos con los demás para simplemente funcionar, pensando menos en el bien de los otros y más en nuestro propio bien. En tercer lugar, vamos del conocimiento a la ignorancia del verdadero significado del mensaje cristiano. Esto nos deja en la inseguridad acerca de lo que es correcto o incorrecto y ya no tenemos convicciones claras en cuanto al proceder cristiano. Y cuarto, pasamos de un sano sentido de culpa a uno de duda, ya que hemos perdido la creencia de que tenemos que dar cuenta de nuestros actos a los demás.

En un contexto social como ése, el mensaje de la gracia es el único que vale la pena dar. Se nos dice que más de dos billones de personas desconocen a Cristo, y millones más no lo reconocen como su salvador personal. Nos allegamos a esta humanidad perdida y quebrantada con la palabra de gracia, "De tal manera amó Dios al mundo, que ha dado a su Hijo unigénito, para que todo aquel que en él cree, no se pierda, mas tenga vida eterna" (Juan 3:16). Dios se interesa tan sinceramente que se identifica con nosotros, que toma la iniciativa, se acerca a nosotros, y ahora nosotros tenemos que dar el próximo paso.

Busqué al Señor, mas luego comprendí
Que él me impulsó a buscarle;
No fui yo quien te encontró, oh Salvador,
Me encontraste tú a mí.

5

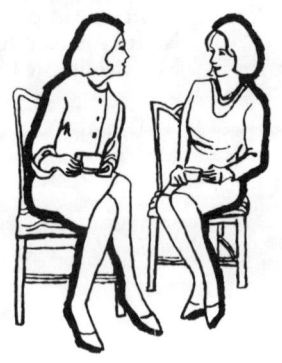

DISCIPULADO COMO ESTILO DE VIDA

Pero a vosotros los que oís, os digo: Amad a vuestros enemigos, haced bien a los que os aborrecen; bendecid a los que os maldicen, y orad por los que os calumnian. Al que te hiera en una mejilla, preséntale también la otra: y al que te quite la capa, ni aun la túnica le niegues. A cualquiera que te pida, dale; y al que tome lo que es tuyo, no pidas que te lo devuelva. Y como queréis que hagan los hombres con vosotros, así también haced vosotros con ellos. Porque si amáis a los que os aman, ¿qué mérito tenéis? Porque también los pecadores aman a los que los aman. Y si hacéis bien a los que os hacen bien, ¿qué mérito tenéis? Porque también los pecadores hacen lo mismo. Y si prestáis a aquellos de quienes esperáis recibir, ¿qué merito tenéis? Porque también los pecadores prestan a los pecadores, para recibir otro tanto. Amad pues, a vuestros enemigos y haced bien, y prestad, no esperando de ello nada; y será vuestro galardón grande, y seréis hijos del Altísimo; porque él es benigno para con los ingratos y malos. Sed, pues, misericordiosos, como también vuestro Padre es misericordioso. *Lucas 6:27-36.*

SER nacido de lo alto significa recibir una nueva vida que comienza por una relación de fe con Jesucristo. Esta relación es más que un sentimiento pietista y místico. Es identificarse con él como Señor; quiere decir que se tendrá un nuevo Dueño, un nuevo motivo, un nuevo propósito, un nuevo espíritu en la vida. No solamente invitamos a la gente a nacer de nuevo, a comenzar de nuevo; también les indicamos el camino que lleva a nuevas relaciones, a un nuevo estilo de vida.

Otra vez destacamos lo que expresó Hans Denck, el anabautista del siglo dieciséis, "Nadie conoce a Cristo verdaderamente a menos que lo siga día por día en la vida". ¡Y nadie puede seguirlo diariamente a menos que lo conozca de verdad! Esta identificación con Cristo no es tan sólo con un personaje de la historia, sino con el Cristo resucitado que es Señor de la historia. Ser discípulo es caminar en la presencia del Jesús resucitado; es participar en su victoria y en su propósito. Habiendo conocido a Jesús en la cruz, el discípulo vive ahora para compartir con los otros el perdón de Dios. Habiendo recibido una vida nueva en Cristo, el discípulo quiere compartirla con los demás.

Evangelizar es ganar personas para Cristo, no es simplemente ganar personas para nuestra causa. Es discipular a las personas mostrándoles cómo relacionarse con Cristo y su pueblo; no es enseñarles a sujetarse a nosotros. Tenemos un Maestro, y siempre seguimos siendo sus discípulos—nunca vamos a recibirnos o graduarnos. Por lo tanto nuestras vidas demuestran de qué manera debe uno relacionarse con Jesús como Señor. El es nuestro Salvador. ¡Nos salva de lo que podríamos ser sin él! Es nuestro Maestro, y siendo sus discípulos, estamos aprendiendo de él.

Las palabras de Jesús expresan tres características básicas del discipulado. Para ser un discípulo: (1) Se debe tomar una decisión. "Si alguno quiere venir en pos de mí...", (2) se debe renunciar a la autonomía, "...niéguese a sí mismo..." y (3) se debe asumir su identidad, "...tome su cruz y sígame" (Mateo 16:24). El discipulado es fe en acción. Es una fe que nos identifica con el Señor mismo. El vivió entre nosotros para revelarnos la "justicia de Dios". Como Señor resucitado, continúa manifestando esta "justicia" mediante la nueva calidad de vida expresada por sus discípulos.

El modelo de vida para el discípulo es, por supuesto, el Maestro mismo. Jesús dijo, "Bástale al discípulo ser como su maestro" (Mateo 10:25). Pedro escribió, "Cristo padeció por nosotros, dejándonos ejemplo, para que sigáis sus pisadas" (1 Pedro 2:21). Jesús demostró la vida a la cual nos llama. Pablo escribió que el propósito de Dios es que seamos conformados a la imagen de Cristo (Romanos 8:29). Y se refirió al modelo de discipulado como el sentir de Cristo. (Filipenses 2:5). Pero esta actitud no se logra por nuestra voluntad, sino que nuestra mente debe ser renovada por nuestra comunión con Cristo (Romanos 12:2). Esta comunión es el centro y el poder del discipulado.

El estilo de vida del discípulo corre en sentido opuesto al estilo del mundo. Tenemos la tarea de descifrar el significado de seguir a Jesús en todas las cosas de la vida. Nos volvemos agentes del reino de Dios en una sociedad en la que el amor es suprimido, la justicia es negada y la paz es sacrificada. Recordamos que si nuestras acciones contradicen nuestras palabras, perdemos credibilidad en la evangelización, lo mismo que en la vida toda. Nuestro mensaje es fútil a menos que nuestras vidas estén permanentemente llenas de la calidez del amor de Cristo. Nuestra disposición y nuestras obras de amor preparan el ambiente para que cuando pronunciemos la palabra del evangelio, ésta sea escuchada.

Discípulos en un mundo indiferente a Dios, tenemos tres áreas que nos preocupan especialmente: la económica, la política y la social. En el área económica estamos llamados al no conformismo, a no permitir que el mundo nos comprima en el molde de los que sirven a su yo, buscan una posición social, tratan de realizarse y encontrar seguridad en la adquisición de bienes. En el ámbito político, estamos llamados a la no resistencia, a vivir en amor en lugar de buscar la venganza, a volver la otra mejilla en lugar de devolver el golpe. Esto quiere decir rechazar la violencia y trabajar por la paz. Incluye oponer resistencia a la locura del armamentismo nuclear, especialmente cuando se nos dice que hay suficientes armas nucleares como para destruir el mundo cincuenta veces. En el área social, estamos llamados a evangelizar, a confrontar a la humanidad secularizada con el Dios amoroso que se revela a sí mismo y a quien Jesús presentó como Padre nuestro. Jesús se dirigía a él empleando una palabra especial, "Abba", que denota una relación muy íntima de padre e hijo. Este mismo privilegio nos es otorgado a nosotros. Es una buena noticia para aquellos que no disfrutan de tan importante relación.

Ser discípulo es servir a Cristo en el mundo asumiendo el rol de siervo en nuestra sociedad. Una vez que descubrimos cómo se vive como siervo, podemos ministrar en cualquier cultura. Pero servimos a las personas de acuerdo con sus costumbres sociales y no con las nuestras. Si las servimos sólamente como queremos, ¡nuestras "buenas noticias" serán tomadas como "malas noticias"! El Hijo del Hombre vino a servir, y al hacerlo, dio su vida en rescate por muchos. Como el "siervo sufriente" de Isaías 53, mostró el precio de hacer la voluntad de Dios cuando se entregó en favor de nuestros pecados. Por esta razón, Pedro se refirió a Jesús como "un ejemplo, para que sigáis sus pisadas" (1 Pedro 2:21).

No vamos a la cruz para cumplir con un requisito sino para identificarnos con Jesús en la cruz. Tomamos allí cualquier cruz que él nos pida que llevemos. Evangelizar es llamar a las personas a una verdadera unión con Cristo—a caminar en la luz (1 Juan 1:7).

LA NUEVA COMUNIDAD

Porque él es nuestra paz, que de ambos pueblos hizo uno, derribando la pared intermedia de separación, aboliendo en su carne las enemistades, la ley de los mandamientos expresados en ordenanzas, para crear en sí mismo de los dos un solo y nuevo hombre, haciendo la paz, y mediante la cruz reconciliar con Dios a ambos en un solo cuerpo, matando en ella las enemistades. Y vino y anunció las buenas nuevas de paz a vosotros que estabais lejos, y a los que estaban cerca; porque por medio de él los unos y los otros tenemos entrada por un mismo Espíritu al Padre. Así que ya no sois extranjeros ni advenedizos, sino conciudadanos de los santos, y miembros de la familia de Dios, edificados sobre el fundamento de los apóstoles y profetas, siendo la principal piedra del ángulo Jesucristo mismo, en quien todo el edificio, bien coordinado, va creciendo para ser un templo santo en el Señor; en quien vosotros también sois juntamente edificados para morada de Dios en el Espíritu. *Efesios 2:14-22*.

El propósito de Dios es crear un pueblo que tenga comunión con él. Dios se interesa por cada individuo; su amor no hace acepción de personas. Para establecer esta familia de la fe, él se reveló en la historia a través de individuos. El desea que todos los pueblos oigan su palabra de gracia y pasen a integrar la familia de la fe. Esta familia de la fe está formada por gentes de todas las razas y culturas. Se dejan a un lado las diferencias humanas mediante una comunión única en Cristo. Por esta razón Pablo escribe, "El es nuestra paz, que de ambos pueblos hizo uno, derribando la pared intermedia de separación".

Esta nueva comunidad es un don de gracia. Su unidad proviene de la vida en Cristo. Esta común unión en Cristo nos capacita para elevarnos por encima de las pequeñas diferencias que tienden a separarnos. Como ha dicho el obispo Alfonzo Zulú, de la tierra Zulú, "El problema de la iglesia del siglo veinte es que hemos colocado otra cosa en nuestro programa por encima de Cristo".

En el siglo dieciséis, pequeñas comunidades de fe surgieron por toda Europa bajo la influencia de misioneros anabautistas. Mientras otras iglesias proseguían con sus ejercicios litúrgicos, los anabautistas tomaron una nueva dirección. Invitaron a la gente a convertirse a Cristo y a integrar comunidades de nuevos creyentes responsables los unos por los otros. Estos creyentes trataban de restablecer la iglesia del Nuevo Testamento. Nótese que los dos pasajes de los Evangelios en los que Jesús se refiere a la iglesia están en el contexto de una comunidad de discípulos; en una iglesia de esa clase, se da y se recibe corrección, se anima y se edifica el uno al otro.

La iglesia es universal porque se eleva por encima de cultura y nacionalidad. Comparte el pacto trasponiendo límites culturales, raciales y políticos para integrar un cuerpo en Cristo. Para el mundo es la expresión visible del reinado de Cristo, Señor exaltado. La iglesia es la señal de que el Hijo del Hombre es en realidad el Hijo de Dios, y que el Hijo del Hombre ahora reina en el cielo. Mientras que la cruz dice lo que la humanidad expresó a Dios acerca de su Hijo, la resurrección es lo que Dios expresó sobre su Hijo a la humanidad. La comunidad del pacto, por lo tanto, se transforma en testigo de Cristo, cabeza de la iglesia, que es su cuerpo.

La evangelización recibe sus directivas de la cabeza de la iglesia. Expresa su mensaje de la manera más clara a través de los miembros de la iglesia, quienes verdaderamente se aman, se comprenden y se cuidan unos a otros. Esta clase de evangelización descubre el método adecuado para cada situación siguiendo la guía del Espíritu, porque el mensaje contiene el método—acciones que promueven la reconciliación. Para obrar esta reconciliación, el Espíritu nos guía a fin de que podamos comunicarnos de maneras que resulten culturalmente aceptables para las personas a quienes invitamos a creer.

Jesús dice que la comunidad de los discípulos es la luz del mundo y la sal de la tierra. Ni la luz ni la sal tienen valor en sí mismas. Su valor está en el servicio que prestan. La sal no sirve cuando está encerrada en el salero, pero cuando se aplica a la comida, sí. Su valor no está en sí misma, sino en cuanto realza el sabor de la comida. Igualmente la comunidad de discípulos debe influir en el mundo contribuyendo a que sea más la clase de mundo que Dios se propuso que fuera. El profesor David Bosch, de Pretoria, Sud Africa, dijo, "La función de la sal es ayudarnos a disfrutar del verdadero sabor de la comida. No debe tomar el lugar del gusto de la comida, sino realzarlo. Del mismo modo la iglesia no tiene como misión eclesializar a la sociedad, o al estado, o al mundo. Debe ayudar al mundo a ser verdaderamente mundo, a la política a ser verdaderamente política, al estado a ser verdadero estado."°

Es frecuente que las iglesias recorran las siguientes etapas: primero, una entusiasta aceptación del evangelio; segundo, institucionalización; y tercero, veneración del pasado. Dios nos invita a romper este ciclo, reconociendo que una iglesia neotestamentaria es siempre una primera generación de creyentes. Lo que el Antiguo Testamento dice acerca de la institucionalización de Israel nos advierte acerca del peligro de vernos envueltos en nuestro propio programa interno hasta llegar a fracasar en nuestra tarea de mensajeros de Dios para con el mundo. La historia de Jonás es una ilustración notable de las personas que por interés propio dejan de interesarse en los demás.

El movimiento anabautista atravesó límites culturales y nacionales. Entre los anabautistas había suizos, españoles, italianos, franceses, alemanes, flamencos, y holandeses; había educados y aristócratas; campesinos y aldeanos. Colocando a Cristo por sobre todo lo demás, ellos se elevaron por encima de las diferencias culturales y confraternizaron en él como hermanos y hermanas. Dieron prioridad a la

---

°Ecu. News Bulletin, (Boletín de Noticias Ecuménicas), 22/1711, p. 13, Julio 20/1979.

iglesia y miraron a la sociedad como el "marco" para la iglesia. Mientras que la gente común se relaciona más fácilmente con sus iguales, la iglesia es una comunidad de personas diferentes entre sí. Su compromiso con Cristo trasciende lo racial.

Esta nueva comunidad vive dentro de la cultura pero trata de elevarse por encima de toda lealtad a una cultura determinada. Mientras que la cultura en sí misma puede ser neutral, siempre tiende a la idolatría. El discípulo, por lo tanto, debe rehusarse a dar su lealtad a principados y poderes, los cuales tienden hacia el mal. Por otro lado, la comunidad del pacto sirve a la cultura siendo fiel a Cristo: (1) porque constantemente la desafía; (2) porque mantiene su integridad personal; (3) porque edifica las instituciones básicas de la sociedad: el hogar, la escuela y la iglesia; (4) porque rechaza la violencia, que es una señal de la civilización moderna; y (5) porque invita a una ciudadanía celestial tomando en serio el reinado de Cristo. Aplicados cuidadosamente estos aspectos de la vida cristiana en una cultura dada, la fe se hace genuina para la gente de esa cultura. Esto quiere decir encontrar la forma de expresar el significado de la verdad cristiana de una manera auténtica dentro de cualquier contexto cultural o social.

La nueva comunidad es un cuerpo en Cristo. Cristo ha reconciliado consigo a los individuos mediante la cruz (Efesios 2:13). Por la misma cruz, él reconcilia a pueblos y razas en un solo cuerpo (Efesios 2:14). Esta es una de las mayores consecuencias sociales del evangelio. En la teología anabautista, la fe evangélica y la responsabilidad social van juntas. Dios ama y redime a las personas para que sus vidas sean reordenadas por su gracia transformadora. Debemos cuidarnos de una falsa división entre el aspecto social y el aspecto reconciliador de la evangelización.

Evangelizar es "salvar almas", en el entendido de que las personas son almas vivientes. Sin embargo, no ofrecemos una salvación individualista y privada que deja a las personas desconectadas de una comunidad de pacto. Aunque la experiencia de salvación es personal, no involucra sólo al individuo. Coloca al creyente en relación con otros. La evangelización del Nuevo Testamento ofrece a las personas quebrantadas un compañerismo que sana y restaura. Incorpora a los nuevos creyentes a comunidades solícitas en las que todos participan igualitariamente en la gracia de Dios (Hechos 2:47). Una comunidad de discípulos de esta clase resulta una comunidad liberadora para todos los que toman parte en este pacto.

TESTIMONIO EN EL ESPIRITU

Andad en el Espíritu, y no satisfagáis los deseos de la carne. Porque el deseo de la carne es contra el Espíritu, y el del Espíritu es contra la carne, y éstos se oponen entre sí, para que no hagáis lo que quisiereis. Pero si sois guiados por el Espíritu, no estáis bajo la ley. Y manifiestas son las obras de la carne, que son: adulterio, fornicación, inmundicia, lascivia, idolatría, hechicerías, enemistades, pleitos, celos, iras, contiendas, disensiones, herejías, envidias, homicidios, borracheras, orgías, y cosas semejantes a estas; acerca de las cuales os amonesto, como ya os lo he dicho antes, que los que practican tales cosas no heredarán el reino de Dios. Mas el fruto del Espíritu es amor, gozo, paz, paciencia, benignidad, bondad, fe, mansedumbre, templanza; contra tales cosas no hay ley. Pero los que son de Cristo han crucificado la carne con sus pasiones y deseos. Si vivimos por el Espíritu, andemos también por el Espíritu. *Gálatas 5:16-25.*

DIOS nos llama a una nueva vida de comunión con él. Ya no es más un Dios muy lejano. Se ha identificado con nosotros en Cristo y está presente en nuestras vidas por el Espíritu de Cristo. Espíritu Santo es uno de los nombres de Dios, a quien conocemos en tres personalidades—Padre, Hijo y Espíritu Santo.

En la teología cristiana empleamos la palabra "Trinidad" para referirnos a Dios como Creador, Redentor, y Santificador; como Padre, Hijo y Espíritu. Pero nótese que "Trinidad" no equivale a un tres numérico o matemático. Por otro lado, al referirnos a Dios como "uno" tenemos que cuidarnos de interpretar esto como "unidad" y no como un "uno" matemático o numérico.

Jesús prometió que él nos bautizaría con el Espíritu Santo. Jesús es el que bautiza; el Espíritu es el bautismo. El Espíritu que recibimos de Jesús estará presente en nuestras vidas. Este Espíritu es el agente de Dios en el mundo. Por lo tanto, todo lo que recibimos de Dios lo recibimos en Jesús, por medio del Espíritu. El Espíritu trabaja sobre nosotros para nuestra convicción y conversión. Toma nuestro espíritu muerto y lo hace sensible a Dios. Pero Cristo envía el Espíritu Santo no sólo para convertirnos y regenerarnos, sino también para vivir en nosotros. Es decir que él, Jesús, nos bautiza con el Espíritu. Mientras el nuevo nacimiento es una obra que el Espíritu Santo realiza en nuestros espíritus, Jesús también nos da su Espíritu para morar en nosotros como poder transformador. Nuestro testimonio cristiano es en primer lugar la expresión de nuestra relación con el Espíritu del Jesús resucitado.

En el siglo dieciséis, los anabautistas constituían un grupo que tomaba en serio esta relación personal con el Espíritu. Tomás Von Imbroich escribió desde la prisión, "Hay dos bautismos, el bautismo exterior con agua y el bautismo interior con el Espíritu". Es el bautismo interior que obra en nosotros aquel que Pablo describe como "la supereminente grandeza de su poder" (Efesios 1:19). Otra ilustración puede extraerse del juicio a Miguel Sattler en mayo de 1527, cuando éste fue sentenciado a morir quemado en la estaca. Durante el juicio el escribiente insultó a Sattler por haber dicho que tenía el Espíritu Santo en su vida. Si era cierto, dijo el escribiente, el Espíritu Santo podría revelar a Sattler los cargos que había contra él. Este incidente muestra que con su afirmación de tener vida en el Espíritu, Sattler dio testimonio a sus perseguidores.

Para que nuestra evangelización sea efectiva debemos vivir la fe que proclamamos. Ser un modelo de vida cristiana es posible solamente por la obra del Espíritu. Habiéndolo recibido, hemos de "ser llenados con el Espíritu" continuamente (Efesios 5:18), caminar en el Espíritu (Gálatas 5:16-25). Esto significa someterse humildemente a la presencia y voluntad soberana del Espíritu, porque el Espíritu es el agente de Dios, es evangelista de Dios en el mundo; no somos sino instrumentos en sus manos.

Jesús dijo, "Ninguno puede venir a mí, si el Padre que me envió no lo trajere" (Juan 6:44). Este llamado es hecho por el Espíritu Santo. ¡Podemos "echar la red" pero él la recoge! Nosotros damos testimonio, pero él atrae a las personas a Jesús por medio de nuestra palabra y acción de amor. El testigo evangelizador comparte las "buenas nuevas", sabiendo que trabaja con el Espíritu Santo invitando a la gente a Jesús.

Nuestro deseo de evangelizar proviene de nuestra experiencia de adoración. No podemos acercarnos a Dios, abrir nuestras vidas al Espíritu, sin compartir su amor por los necesitados. Fue en el templo, cuando adoraba, que Isaías vio al Señor, que escuchó el llamado de Dios, y que respondió, "Heme aquí. ¡Envíame a mí!" (Isaías 6:1-8).

Cada testimonio de Jesús que se da en amor e integridad es un éxito. Puede que no podamos presenciar el momento en que la persona dé el paso de fe. Sin embargo, deberíamos estar conscientes de que la obra del Espíritu en la persona no comenzó ni terminó con lo que nosotros hayamos hecho. Estamos ayudando a la persona a dar un paso más en su camino de fe. El testimonio de Felipe al eunuco etíope en Hechos 8 no fue un hecho aislado. Felipe partió de lo que el hombre se encontraba leyendo, y le predicó de Jesús.

El Espíritu está creando vidas nuevas, y esto lo hace en medio y por medio de una nueva comunidad. Pero esta comunidad del pacto es un círculo abierto, siempre buscando atraer a otras personas. En ningún momento una comunidad del pacto posee el reino. Somos una comunidad abierta a toda la gente, participando con el Espíritu en el ministerio de reconciliar a las personas con Dios. No es posible caminar en el Espíritu sin dar sus frutos, los frutos del reino. Jesús los personificó, el Espíritu los crea, nosotros solamente los damos. Así como la rama de un árbol da el fruto del árbol porque el árbol vive, nosotros damos el fruto del Espíritu porque él vive en nosotros. De esa manera somos testigos de él. La evangelización no es algo que hacemos; es más bien expresar algo que somos—personas nuevas en Cristo. Evangelizar es caminar en el Espíritu, darle honor confiando en él. El Espíritu Santo puede hacer en un momento lo que tú y yo no podríamos hacer en toda una vida.

8

LA ETICA DEL AMOR

Nosotros sabemos que hemos pasado de muerte a vida, en que amamos a los hermanos. El que no ama a su hermano, permanece en muerte. Todo aquel que aborrece a su hermano es homicida y sabéis que ningún homicida tiene vida eterna permanente en él. En esto hemos conocido el amor, en que él puso su vida por nosotros; también nosotros debemos poner nuestras vidas por los hermanos. Pero el que tiene bienes de este mundo y ve a su hermano tener necesidad, y cierra contra él su corazón, ¿cómo mora el amor de Dios en él? Hijitos míos, no amemos de palabra ni de lengua, sino de hecho y en verdad. *1 Juan 3:14-18.*

SI el amor fuera posible sin el evangelio, no necesitaríamos del evangelio. Si el evangelio no hiciera posible el amor, entonces no habría evangelio; la verdad subrayada por los anabautistas es que el amor es posible por el evangelio.

Dios no sólo nos concede su gracia que perdona, sino su gracia transformadora. "Si alguno está en Cristo, es una nueva creación" (2 Corintios 5:17). Este principio moral de integridad se conoce sólo por gracia. No es un esquema legalista de comportamiento, sino más bien el fruto del Espíritu. Su presencia en nosotros produce el cambio que nos conforma a la imagen de Cristo. Evangelizar es dar las buenas nuevas de que podemos abrir nuestras vidas a él, participar en su reino y vivir por el poder de Cristo en nosotros.

Somos salvados en relación con Jesús, y si somos sus discípulos nuestro comportamiento está sujeto a él. Esto quiere decir que nuestras decisiones morales se basan en nuestra relación con Cristo de igual manera que nuestra salvación se basa en nuestra relación con Cristo. En consecuencia, no hablamos de "fe y obras", con el consiguiente problema de la relación entre ambas, sino que hablamos de una "fe que obra". Pablo se refiere a este tema diciendo de una "fe que obra por amor".

Algunas personas separan la evangelización del discipulado, pero es mejor pensar que son dos caras de una misma moneda. Podemos pensar que se trata de niveles de percepción y de relación. Sin embargo, en cada nivel estamos llamados a comportarnos de acuerdo con nuestras creencias. Queremos crecer tanto en comprensión como en compromiso hacia Cristo y los unos hacia los otros.

Al evangelizar, debemos asegurarnos de que presentamos el evangelio de Cristo. El es el Salvador. Es el Reconciliador. El restaura nuestra comunión con Dios, y nos invita a vivir en la voluntad de Dios. Aquel que confiesa a Cristo como Señor empieza a vivir a su estilo en honestidad, santidad y amor—dando prioridad al reino. Son estas cualidades esenciales de la nueva vida en Cristo, aun cuando no son lo principal del evangelio. Presentamos el evangelio total de Cristo y no simplemente un evangelio de cambio social. Estos son aspectos del evangelio. Emanan de él, pero no constituyen la esencia del evangelio. No habremos captado completamente el evangelio hasta que hayamos oído acerca de sus implicaciones. Una de la implicaciones básicas del evangelio es el mensaje de la no violencia. Es una verdad para todos los tiempos, pero tiene especial relevancia en estos días de violencia, terrorismo, y armas nucleares. Jesús dijo, "Vuelve tu espada a su lugar; porque todos los que tomen espada, a espada perecerán" (Mateo 26:52).

La expresión básica del estilo de vida cristiano es el amor. Jesús dijo, "En esto conocerán todos que sois mis discípulos, si tuviereis amor los unos con los otros" (Juan 13:35). Y Juan escribió, "El que no ama, no ha conocido a Dios, porque Dios es amor" (1 Juan 4:8). El amor manifiesta nuestra relación con Dios y a través de nosotros alcanza a los demás. El amor realza la relación entre los creyentes en la iglesia y atrae a los no creyentes a la fe en Jesucristo. Que las personas crecen por el amor es una premisa de la fe cristiana y de la psicología. Tanto la salud mental como la salud espiritual dependen de que la persona se sienta aceptada y amada.

Una comunidad evangelística considera que el amor hacia los demás es de la mayor importancia. El anuncio de las buenas nuevas es expresión del amor de Dios por medio de nosotros. Las personas son atraídas por el amor, no por la ley, porque el amor no manipula a las personas. El amor no coacciona; no viola la personalidad del otro. Cuando el amor es genuino, es más que una sensación; es algo que hacemos. Amar es abrir nuestras vidas a los demás.

Los anabautistas son conocidos, es cierto, por su énfasis en la paz y la no violencia. Se basan en las enseñanzas y el ejemplo de Jesús de que tenemos que amar a todos, incluyendo a nuestros enemigos. Sin embargo, los anabautistas no serán bien comprendidos a menos que este amor de Cristo sea interpretado como un móvil evangelístico. Tomar en serio el segundo mandamiento, "Amarás a tu prójimo como a ti mismo", significa esto: no estaremos satisfechos hasta que hayamos compartido con ellos lo que es más importante para nosotros, es decir, la comunión con Cristo. De hecho, trataremos de conseguir que aún nuestros enemigos se transformen en nuestros hermanos en Cristo, en lugar de intentar destruirlos.

La clave del poder activo del amor es la reconciliación. Dios actuó por amor para reconciliarnos consigo. Ahora nos envía a compartir el ministerio y mensaje de reconciliación (2 Corintios 5:18-20). Cuando este amor se vuelve un poder activo y transformador a través de nosotros, es más poderoso que las palabras con las cuales tratamos de evangelizar. Por ejemplo, cuando un amigo íntimo de Juan Sebastián Bach perdió un hijo, el músico fue a visitarlo. Tan ahogado por la emoción que no podía hablar, lo que hizo fue tocar el piano por media hora y luego irse sin decir palabra. Este acto de amor era la mejor manera de identificarse con su amigo y de expresar su sentimiento hacia él.

9

LA PRIORIDAD DEL REINO

En el primer tratado, oh Teófilo, hablé acerca de todas las cosas que Jesús comenzó a hacer y a enseñar, hasta el día en que fue recibido arriba, después de haber dado mandamientos por el Espíritu Santo a los apóstoles que había escogido; a quienes también, después de haber padecido, se presentó vivo con muchas pruebas indubitables, apareciéndoseles durante cuarenta días y hablándoles acerca del reino de Dios. Y estando juntos, les mandó que no se fueran de Jerusalén, sino que esperasen la promesa del Padre, la cual, les dijo, oísteis de mí. Porque Juan ciertamente bautizó con agua, mas vosotros seréis bautizados con el Espíritu Santo dentro de no muchos días. Entonces los que se habían reunido le preguntaron, diciendo: Señor, ¿restaurarás el reino a Israel en este tiempo? Y les dijo: No os toca a vosotros saber los tiempos o las sazones, que el Padre puso en su sola potestad; pero recibiréis poder, cuando haya venido sobre vosotros el Espíritu Santo y me seréis testigos en Jerusalén, en toda Judea, en Samaria, y hasta lo último de la tierra. *Hechos 1:1-8*.

JESÚS había enseñado a sus discípulos a buscar primero el reino de Dios y su justicia (Mateo 6:33). Este reino es el reinado de Dios en y a través de su pueblo que le ofrece su vida por la fe. Para entrar en su reino, uno debe nacer del Espíritu (Juan 3:1-5). Esta realidad es un nuevo comienzo, una nueva relación con Dios, un nuevo Señor, un nuevo propósito y nuevos principios de vida. Pablo escribe que aquel que está en Cristo es una nueva criatura (2 Corintios 5:17). Tal persona es transportada del reino de la oscuridad espiritual al reino del Hijo de Dios (Colosenses 1:13).

Esta nueva comunidad, a la que Howard Snyder llama "La comunidad del Rey" es la iglesia. Evangelizar es invitar a la gente a venir a Cristo, a entrar en esta nueva comunidad de los que han renacido. La salvación es siempre experimentada en relación con Jesús; no es simplemente una experiencia de liberación de culpa o frustración, aunque eso es también importante. Más bien es una nueva relación con Cristo. Como Pablo escribió a los Romanos, "El reino de Dios no es comida ni bebida, sino justicia, paz y gozo en el Espíritu Santo" (Romanos 14:17). Dios nos invita a compartir su reino ahora.

Al comienzo del libro de los Hechos, el Cristo resucitado está de regreso entre sus discípulos para continuar su obra a través de ellos. Por cuarenta días Jesús continuó apareciéndose a ellos y hablándoles, preparándolos para llevar adelante su obra. Su mensaje no había cambiado. Al contrario, continuaba hablándoles de las cosas pertenecientes al reino de Dios (Hechos 1:3). En su mensaje, al igual que en su vida, él dio prioridad al reino, es decir, al gobierno de Dios. Sus discípulos, por lo tanto, dieron al reino de Dios el primer lugar en sus vidas. En la evangelización llamamos a las personas a poner el reino de Dios en primer lugar. Cuando aceptamos a Cristo como Señor, aceptamos que gobierne nuestras vidas. Y doquiera el rey sea reconocido como rey, su gobierno, o sea la realidad de su reino, se extiende.

En los últimos veinticinco años, los evangélicos han puesto más énfasis en que en parte, el reino ya es una realidad. Esto tiene que ver con los aspectos presentes del señorío de Cristo y nuestra participación en el discipulado. La evangelización no es adecuada si no llama a las personas a relacionarse con Cristo de tal manera que toda su vida sea reordenada. No estamos anunciando simplemente la manera de adquirir paz interior o conocerse mejor a sí mismo, sino una nueva unidad en la comunidad del Cristo.

La fe anabautista no nos limita a dos opciones: la derecha o la izquierda. Los anabautistas rechazan el mito de que si somos conservadores en lo teológico entonces también debemos ser conservadores en los asuntos sociales y políticos. En realidad una teología conservadora que toma en serio la resurrección de Cristo da el primer lugar a su reino. Al asumir esa postura quedamos libres para elegir áreas en las cuales involucrarnos en asuntos sociales o políticos conservadores o liberales. ¡Algunos cristianos están a la derecha de Dios y algunos a la izquierda! No estamos llamando a la gente a plegarse a una causa social sino a Cristo y a su reino.

Además, no creemos que el reino de Dios sea una sociedad organizada de acuerdo a la voluntad de Dios. Al contrario, el reino de Dios se expresa a través de la comunidad de discípulos que han hecho un pacto sometiéndose a la voluntad de Dios. Se trata de una comunidad voluntaria en la cual los miembros de diferentes razas, culturas y religiones pueden participar abiertamente.

Alan Walker habla sobre el significado del reino en su libro *The New Evangelism* (La Nueva Evangelización). Escribe, "Creo que el mensaje del reino de Dios en términos internacionales debe ser la proclamación de un mensaje de no violencia". En nuestro mundo cada día más pequeño, donde los tres asuntos de mayor importancia: raza, pobreza y guerra, son candentes, en todas partes, el mensaje del reino de Dios es realmente la única esperanza. Si estamos dispuestos a escuchar el mensaje del reino y a participar en él, descubriremos el camino cristiano que debe seguir la iglesia. Walker agrega, "La guerra se ha transformado en un imposible. En la era nuclear, la humanidad no puede hacer guerra y sobrevivir... ¿cuál es entonces el mensaje misionero para hoy? Sostengo que debe ser un llamado a la no violencia" (p. 62).

Evangelizar es más que hacer buenas obras en el nombre de Cristo. Es llamar a la gente a identificarse con Cristo—es atraerlos al reino de Cristo y a participar en la comunidad del pacto de los discípulos. Evangelizar es más que llevar a las personas a tomar una decisión privada de seguir a Cristo; es hacerlos discípulos (Mateo 28:19-20). Y este discipulado no es seguir de manera legalista un nuevo conjunto de reglas. No es un logro personal, porque vivir de acuerdo al Sermón del Monte es posible sólo por gracia. Es una nueva manera de vivir para la cual nos posibilita la gracia divina. El discipulado va antecedido por un nacimiento espiritual, una regeneración por la soberana obra del Espíritu Santo, y propone una nueva comunidad con Cristo y con aquellos que caminan con él (Hechos 2:17-42).

La evangelización no es un agregado a la vida de la iglesia. Al contrario, constituye el espíritu y la vida de la iglesia local. El evangelio, como la corriente eléctrica, fluye mejor cuando el contacto es bueno. El más auténtico compartir del evangelio no es realizado por personas que hablan a un grupo social manteniéndose apartadas del mismo. Es el que llevan a cabo aquellos que viven dentro de un grupo social y demuestran el significado del evangelio en la vida diaria. Por sus contactos naturales la congregación local está en óptimas condiciones para ser canal de interpretación del evangelio. La iglesia es la expresión visible del reino, o del señorío de Cristo en la comunidad de discípulos. En realidad, la iglesia existe si hace discípulos. Esto quiere decir que conversión e iglesia (o comunidad cristiana) se relacionan como causa y efecto. Mientras Dios llama a las personas a la conversión a través de la "voz" de la iglesia, la iglesia es en realidad la comunidad de personas que han sido convertidas a Jesucristo. A la vez que adora y educa, la iglesia también evangeliza y discipula. La iglesia traduce la dimensión evangelística de su fe en práctica evangelística.

El reino culmina con el retorno de Cristo, porque cuando Jesús complete su obra, entregará a Dios, el Padre, el reino que está creando (1 Corintios 15:24). Este pasaje presupone la obra presente de Cristo en la creación de su reino. El nos llama a formar parte de su reino ahora. Y en cada época y en cada contexto social, Cristo ha producido un impacto en la sociedad por la forma en que sus discípulos reflejan la realidad de su reino. Su iglesia, el "cuerpo de Cristo," ha hecho y está haciendo visible a Jesús para el mundo (Efesios 3:10).

10

EL CIRCULO ABIERTO

Por lo cual, siendo libre de todos, me he hecho siervo de todos para ganar a mayor número. Me he hecho a los judíos como judío, para ganar a los judíos; y a los que están sujetos a la ley (aunque yo no esté sujeto a la ley) como sujeto a la ley, para ganar a los que están sujetos a la ley; a los que están sin ley, como si yo estuviera sin ley, (no estando yo sin ley de Dios, sino bajo la ley de Cristo), para ganar a los que están sin ley. Me he hecho débil a los débiles, para ganar a los débiles; a todos me he hecho de todo, para que de todos modos salve a algunos. Y esto hago por causa del evangelio, para hacerme copartícipe de él. ¿No sabéis que los que corren en el estadio, todos a la verdad corren, pero uno solo se lleva el premio? Corred de tal manera que lo obtengáis. Todo aquel que lucha, de todo se abstiene; ellos, a la verdad, para recibir una corona corruptible, pero nosotros, una incorruptible. Así que, yo de esta manera corro, no como a la ventura; de esta manera peleo, no como quien golpea el aire, sino que golpeo mi cuerpo, y lo pongo en servidumbre, no sea que habiendo sido heraldo para otros, yo mismo venga a ser eliminado. *1 Corintios 9:19-27.*

En el Congreso Mundial de Evangelización realizado en 1974, en Suiza, Michael Green, de la Iglesia St. Aldates, de Oxford, Inglaterra, dijo, "La iglesia es ella misma parte del *kerigma*"—el mensaje. En una sociedad deshecha, fragmentada, es buena noticia que haya una comunidad de fe que ama. Esta comunidad no es un círculo cerrado, donde se disfruta y se conserva la igualdad racial y cultural. Por el contrario, es un círculo abierto, una comunidad que quiere permanecer siempre abierta a otros.

"La verdadera sustancia de las cosas que dividen a la gente es lo cultural", ha dicho el Dr. Charles Tabor. Y hay miles de culturas, así como hay tal vez seis mil idiomas. Pero no existe una cultura cristiana. Cada cultura, producto de las experiencias compartidas por un grupo de personas, crea un sentido de "nosotros" y una clase de vida particular. La cultura proporciona todo lo que un grupo necesita para aprender a sobrevivir y a funcionar en su ambiente. La cultura misma puede ser neutral, pero siempre tiende a convertirse en idolatría. Debemos evitar que los aspectos culturales de la vida se transformen en nuestra religión, en un sustituto de Cristo. Si esto ocurre, nos parecerá difícil acercarnos a otros cuyas culturas son diferentes de la nuestra.

Muy a menudo la iglesia ha sido un centro de almacenaje en lugar de un transmisor del evangelio. Esto ocurre cuando transformamos a la iglesia en un fin en sí misma. Dios castigó a Israel por su orgullo, por adorar a lo creado más que al Creador. Debemos poner en evidencia toda idolatría similar si queremos llegar a ser comunidades que alaban a Dios y son fieles a su pacto en Cristo (Romanos 2:28-29). Una congregación compuesta en su mayoría por personas de un grupo social o racial, encuentra difícil evangelizar sin elevar a Cristo por encima de sus valores étnicos. Solamente así podrá incorporar a personas de razas y culturas diferentes. En su libro titulado *Understanding Church Growth*, (Entendiendo como crece la iglesia), Donald McGavran observa que las personas "quieren volverse cristianas sin cruzar las barreras raciales, lingüísticas o de clase" (p. 198). Aunque sea cierto, eso no es lo que enseña el Nuevo Testamento (Efesios 2:14-18). Y Gibson Winter en su libro, *The Suburban Captivity of the Churches*, (La cautividad suburbana de las iglesias), tiene razón en desacreditar la idea de que todos los de una congregación deben pertenecer a una misma clase o raza. Una de las marcas de la iglesia del Nuevo Testamento era su capacidad para incluir a personas de cualquier raza o grupo social.

La iglesia, círculo abierto, incorpora mucha diversidad, pero halla unidad en su centro: Cristo Jesús como su Señor. En la comunidad menonita de Wáshington, capital de los Estados Unidos, de la cual soy pastor, estamos intentando ampliar este círculo trasponiendo clase, raza, ocupación y cultura. No es sencillo, pero es el triunfo de la gracia: en Cristo "no hay judío ni griego, no hay esclavo ni libre, no hay varón ni mujer, porque todos vosotros sois uno en Cristo Jesús" (Gálatas 3:28).

La iglesia proclama la presencia del reino, el significado del amor de Dios que se extiende al mundo. La gloria de Dios es compartida a través de la iglesia para que otros puedan aceptarlo. La gracia de Dios se expresa en la comunidad de los pecadores perdonados. La promesa de Jesús se cumple en su presencia entre nosotros. Su Espíritu se mueve allí en el amor compartido aún con los que no parecen ser dignos de ser amados. Dios demuestra así el significado de su gracia, aceptando y transformando las vidas de las personas.

Poder ser "todo para todos los hombres" para ganar a algunos es uno de los aspectos más exigentes del discipulado cristiano. Requiere que estemos seguros en nuestra propia fe. Sólo así podemos elevarnos por encima de nuestros propios puntos de vista para compartir honestamente con otros. Cristo nos enseña a escuchar, a oír al otro, a tratar de entender sus pasadas experiencias. En la comunicación de la fe, tratamos de discernir entre símbolo y significado, y tratamos de entender cómo la otra persona interpreta los símbolos del lenguaje y/o de la expresión religiosa. Escuchando de esa manera total podemos "ser todo" al dar nuestro testimonio de Cristo.

El círculo de la comunidad cristiana tiene varias características distintivas. Primero, nos ayuda a entender cómo los varios aspectos del evangelio afectan nuestros pensamientos y hábitos humanos. Por ejemplo, nos ayuda a coordinar el aspecto personal y el aspecto social de nuestra nueva vida en Cristo, porque ahora compartimos una nueva misión en la sociedad. Segundo, este círculo comunitario nos ayuda a integrar los aspectos redentores y éticos del evangelio—mostrando la obra de gracia que nos reconcilia con Dios y nos permite entrar en la voluntad de Dios. Tercero, aprendemos cómo integrar lo espiritual y lo secular, porque lo espiritual no es sólo una vida interior de fe sino una vida vivida en la voluntad de Dios en medio de la sociedad secular. Al compartir el evangelio pasando por encima de diferencias culturales, estamos integrando misión y servicio. No solamente anunciamos el evangelio, sino que nos identificamos con las personas de una comunidad dada para poder presentar el evangelio en formas que ellos entiendan. Finalmente, integramos comunidad y apertura. Es decir, demostramos cómo una "compañía de los comprometidos" puede estar abierta a personas que todavía están inseguras acerca de los asuntos que nosotros consideramos claramente definidos.

El círculo de fe muestra aun al no creyente lo que es la experiencia de fe. El amor es comunicado por medio de acciones y no sólo por palabras. Cuando las personas tienen compañerismo con gente tocada por Dios, les es más fácil llegar a creer en la gracia. La evangelización tiene lugar cuando las personas se relacionan con el pueblo del evangelio. Una evangelización de esta clase hace necesario que el creyente se identifique con personas de varias culturas, escuchándolas con tanta apertura como para que éstas puedan ver la fe cristiana en su mejor expresión. Edmund Perry dice en cuanto a la comunicación con personas de otra religión que deberíamos estudiar esa religión hasta que pudiéramos ver sus valores tan claramente que casi nos viniera la tentación de aceptarla—entonces sí podríamos mostrarles qué es lo que Cristo ofrece que es aún mejor.

Mantener abierto el círculo del compañerismo cristiano no indica que haya inseguridad acerca de quién está en su centro, porque ese centro es Jesucristo. Manteniendo el círculo abierto, admitimos que no tenemos posesión exclusiva del reino. Cada grupo cristiano es parte del reino, y éste no puede estar restringido a uno solo. El vino nuevo del reino revienta los odres viejos; no puede estar contenido en formas que oculten o alteren la expresión dinámica del señorío de Cristo. El círculo abierto es la expresión de que el Cristo resucitado y Señor continúa siendo la cabeza de la iglesia.

11

EVANGELIZACION Y TESTIMONIO

> De manera que nosotros de aquí en adelante a nadie conocemos según la carne, y aun si a Cristo conocimos según la carne, ya no lo conocemos así. De modo que si alguno está en Cristo, nueva criatura es; las cosas viejas pasaron; he aquí todas son hechas nuevas. Y todo esto proviene de Dios, quien nos reconcilió consigo mismo por Cristo, y nos dio el ministerio de la reconciliación. *2 Corintios 5:16-18.*

JESÚS interpretó la evangelización como testimonio (Hechos 1:8). Sin embargo, no les decimos a los otros simplemente de qué manera los cristianos vemos la vida, o por cuáles reglas la sociedad debería regirse. Damos testimonio de que una relación con el Cristo resucitado nos ha transformado, porque un testigo habla acerca de su propia experiencia. Damos testimonio de que esta relación con Jesús ha cambiado básicamente nuestra vida. Damos nuestro testimonio de palabra y de hecho en nuestro servicio a nuestros semejantes.

Un testimonio acerca de Jesús es válido solamente si uno está caminando con Jesús en obediente discipulado. Como lo consideramos Señor nuestro, lo estamos sirviendo cuando servimos a nuestros semejantes. Al servir a las personas a nuestro alrededor, recordamos que ellas no son nuestros señores—solamente Cristo es nuestro Señor. Cuando esto es claramente entendido, nuestra evangelización no está limitada por nuestra cultura. Al contrario, nuestro testimonio es libre, libre para servir a otros como Cristo lo demostró.

Hay cada vez un abismo más grande entre los ricos y los pobres del mundo. De acuerdo con el Banco Mundial, 70 millones de personas perecerán de hambre este año (1983). El discipulado cristiano nos llama a preocuparnos por los pobres y los desposeídos, a dar validez a nuestra palabra de testimonio por medio de nuestras obras de amor y justicia en el Espíritu de Jesús. Como miembros de su reino, tenemos un llamado a ser siervos. Si seguimos el método del servicio empleado por Jesús, podremos ministrar dentro de cualquier cultura. Es en este punto donde la Teología de la Liberación necesita corrección bíblica, porque se opone al rol de servicio como modelo para las misiones y la evangelización.

Bernard Joinett, un misionero católico en Tanzania, Africa, hace notar la importancia del papel de servir en su libro *A Stranger in My Father's House* (Extranjero en la casa de mi Padre). Cuando se es huésped en otra cultura es necesario comprender esa cultura y respetarla. Por lo tanto, se debe servir a la gente de una manera que sea apropiada para su cultura y no de acuerdo a nuestra costumbre. De otro modo aun nuestro servicio parecería una imposición, como si fuéramos señores o amos en lugar de hermanos y hermanas. Estaríamos tratando de moldear a la gente de acuerdo con nuestra cultura supuestamente superior. Si esto sucediera estaríamos pervirtiendo nuestro testimonio. Estaríamos dando testimonio de nuestra propia cultura en lugar de testificar acerca de Jesucristo.

La evangelización del Nuevo Testamento surge de la naturaleza misma del evangelio. Reconocemos que en su gracia, Cristo nos ha enviado a ser sus testigos. Para llamar "a todos los hombres", debemos ser capaces de comparar las verdades de Cristo con las demandas de verdad de las muchas religiones y filosofías que las gentes adoptan hoy. No es necesario discutir sobre los valores morales o filosóficos de las varias religiones, sino que testifiquemos del Cristo en quien encontramos a Dios. Este testimonio hace que la fe en Dios sea posible para las personas.

Ese énfasis en cuanto al testimonio respeta la naturaleza voluntaria de la fe. Los anabautistas del siglo dieciséis se expresaron claramente en cuanto a este asunto. Ellos invitaban a una decisión adulta, inteligente y personal de transformarse en discípulos de Cristo. Este derecho de elegir que tienen las personas coloca sobre nosotros la responsabilidad de presentar las demandas de Cristo tan claramente que la fe se vuelva comprensible y deseable. Uno de nuestros problemas, sin embargo, es que la iglesia se ha encerrado en sí misma; nos hablamos a nosotros mismos y pasamos la mayor parte de nuestro tiempo manteniendo la institución. Para los que somos integrantes de organismos religiosos, las palabras de Pablo tienen especial significado, "No me envió Cristo a bautizar, sino a predicar el evangelio" (1 Corintios 1:17). Jesús describió a sus discípulos de manera similar, como semilla sembrada en el mundo (Mateo 13:36-39), para dar fruto en todo tipo de sociedades como testigos suyos.

En Lucas 10 Jesús nos dio un plan y un programa para testificar. Jesús envió 35 equipos de dos personas cada uno a cada ciudad donde él planeaba ir en su misión de predicar. Los pastores tienen que servir de guías a las personas que van a evangelizar, como lo hizo Jesús. El nos dio el modelo, entusiasmó y motivó a las personas. Les dio principios para la tarea. Les demostró cómo responder a las personas en sus necesidades específicas. Aclaró que ya fuera que las personas respondieran o no, se les había presentado el reino de Dios (Lucas 10:11). Como discípulos que dan testimonio, tenemos que presentar la fe en Jesucristo como una elección posible. Una vez hecho esto, podemos confiar al Espíritu Santo la tarea de traer a las personas al Salvador.

12

EVANGELIZACION Y AMISTAD

Doy gracias a mi Dios siempre que me acuerdo de vosotros, siempre en todas mis oraciones rogando con gozo por todos vosotros, por vuestra comunión en el evangelio, desde el primer día hasta ahora; estando persuadido de esto, que el que comenzó en vosotros la buena obra, la perfeccionará hasta el día de Jesucristo; como me es justo sentir esto de todos vosotros, por cuanto os tengo en el corazón; y en mis prisiones, y en la defensa y confirmación del evangelio, todos vosotros sois participantes conmigo de la gracia. Porque Dios me es testigo de cómo os amo a todos vosotros con el entrañable amor de Jesucristo. Y esto pido en oración, que vuestro amor abunde aún más y más en ciencia y en todo conocimiento, para que aprobéis lo mejor, a fin de que seáis sinceros e irreprensibles para el día de Cristo, llenos de frutos de justicia que son por medio de Jesucristo, para gloria y alabanza de Dios. *Filipenses 1:3-11.*

LOS cristianos filipenses eran importantes para Pablo, no tanto por lo que sabían o hacían, sino por ser quienes eran. En la evangelización, aquellos que compartimos la vida de Cristo, lo hacemos como expresión de su paz y su amor. No solamente llevamos el mensaje de salud a una sociedad quebrantada, sino que nos volvemos agentes de salud. Lo que somos es de la mayor importancia.

La compasión no es algo que se expresa a la distancia. El amor cristiano—el amor verdadero—requiere participación con los otros a todos los niveles de la vida. Participamos del gozo que se manifiesta en exuberante alabanza y de la angustia que nos destroza. Estas diferentes experiencias de la vida proveen un contexto para que los cristianos establezcan amistades significativas, especialmente con los no cristianos. Karl Barth dijo una vez, "Una iglesia que no tiene una angustia grande en su corazón, no tendrá una gran música en sus labios". Es en el costo mismo de la amistad donde encontramos la recompensa.

Y la amistad ayuda a las personas a enfrentarse consigo mismas, a enfrentar la vida con valor. Ayuda a conservar alta la moral de las personas, corrigiendo a los pesimistas, a quienes Jeremy Taylor describió como personas que "recogían espinas para sentarse sobre ellas". La amistad habla con honestidad a quienes van por la vida buscando el reconocimiento de los demás. Para el cristiano, una amistad así de sincera inevitablemente conducirá a compartir en los niveles más profundos, a compartir la fe cristiana.

Las personas en su mayoría no están buscando una religión. Están buscando realizarse a sí mismas.

Un testigo adecuado puede mostrarles cómo la vida centrada en Cristo las libera del falso centro que las hace vivir en desequilibrio. Mi esposa, Esther, artista por vocación, ha trabajado bastante en alfarería, habiendo producido con el torno algunas hermosas piezas. Observándola, me ha impresionado ver con qué cuidado trabaja para "centrar" la arcilla en el torno. A menos que la arcilla esté adecuadamente "centrada", es imposible crear algo hermoso. De igual manera, las vidas que no están centradas en Cristo no pueden experimentar la belleza que Dios ofrece. La relación con personas verdaderamente centradas en Cristo permite percibir la satisfacción que trae la fe.

La amistad vence el temor que las personas sienten de ser rechazadas. Pasar tiempo con las personas, cultivar su amistad, crea el nivel de confianza que les hará posible escuchar nuestras palabras. Las palabras son vehículos de comunicación, pero no son los únicos, ¡porque las obras y actitudes de afectuosa amistad abren más puertas que muchas palabras! Mientras nos relacionamos, comemos, trabajamos y nos divertimos juntos, también compartimos los verdaderos valores de nuestras vidas.

Si queremos alcanzar a las personas para Cristo debemos amarlas, interesarnos por ellas, aceptarlas en nuestro círculo de amigos. Jesús es nuestro ejemplo. Se le conocía como amigo de publicanos y pecadores. Estos venían a él porque sentían su amor y aceptación. Cuando reconocemos que todos somos pecadores perdonados, ponemos a un lado esa actitud hacia los pecadores que está diciendo, "yo soy mejor que tú". Colocándonos a su mismo nivel, les daremos testimonio del Cristo que también nos ha perdonado a nosotros. Nuestro testimonio más efectivo tiene lugar en las relaciones de confianza que establecemos con las personas a nuestro alrededor.

Ejemplos de esta evangelización por medio de la amistad se encuentran en las epístolas de Pablo, dirigidas a personas a quienes él había presentado a Jesucristo. Este amor y amistad son evidentes en sus cartas a los tesalonicenses, efesios y otros, pero se reflejan especialmente en su carta a los filipenses. Su profundo amor por ellos está expresado en el capítulo uno con estas ideas: Los tengo en mi corazón; Siempre oro por ustedes con alegría; Doy gracias a mi Dios cada vez que los recuerdo, y otras expresiones tan íntimas como éstas. Al leer su oración por ellos, nos damos cuenta de que las personas a menudo consiguen realizar aquello que esperamos de ellas. La fe produce fe.

La amistad comunica el amor acerca del cual testificamos. Ser el pueblo de Dios es participar de la vida de Dios, de "la naturaleza divina". Y esta naturaleza es amor, porque Dios es amor. Como seguidores de Cristo, vemos que su amor es principal entre sus atributos. Por lo tanto, consideramos que el amor es elemental en la expresión de su mensaje de gracia.

13

EVANGELIZACION Y ESPERANZA

Porque la creación fue sujetada a vanidad, no por su propia voluntad, sino por causa del que la sujetó en esperanza; porque también la creación misma será libertada de la esclavitud de corrupción, a la libertad gloriosa de los hijos de Dios. Porque sabemos que toda la creación gime a una, y a una está con dolores de parto hasta ahora; y no sólo ella, sino que también nosotros mismos, que tenemos las primicias del Espíritu, nosotros también gemimos dentro de nosotros mismos, esperando la adopción, la redención de nuestro cuerpo. Porque en esperanza fuimos salvos; pero la esperanza que se ve, no es esperanza; porque lo que alguno ve, ¿a qué esperarlo? Pero si esperamos lo que no vemos, con paciencia lo aguardamos. Y de igual manera el Espíritu nos ayuda en nuestra debilidad; pues qué hemos de pedir como conviene, no lo sabemos, pero el Espíritu mismo intercede por nosotros con gemidos indecibles. Mas el que escudriña los corazones sabe cuál es la intención del Espíritu, porque conforme a la voluntad de Dios intercede por los santos. Y sabemos que a los que aman a Dios, todas las cosas les ayudan a bien, esto es, a los que conforme a su propósito son llamados. Porque a los que antes conoció, también los predestinó para que fuesen hechos conformes a la imagen de su Hijo, para que él sea el primogénito entre muchos hermanos. Y a los que predestinó, a éstos también llamó; y a los que llamó, a éstos también justificó; y a los que justificó, a éstos también glorificó. *Romanos 8:20-30*.

La esperanza es la libertad de vivir abiertamente. Ante los sentimientos de desesperación, futilidad, enojo y confusión, los cristianos muestran su esperanza en Cristo. Como ha dicho el Dr. James McCord, presidente del Seminario Teológico de Princeton, "La esperanza en el futuro se basa en la convicción de que Dios es el actor principal en el escenario de la historia". Podemos creer en el futuro porque creemos que el Señor se yergue en medio de la historia, demorando el final hasta que haya completado su propósito para el mundo. Esperanza es ver a Dios actuando en el presente para el cumplimiento de sus planes que se concretarán plenamente en el futuro. A causa de la esperanza podemos mantener nuestra cordura cuando vivimos bajo la amenaza de la bomba. Hay una necesidad especial de esperanza en los cristianos en vista de la locura del armamentismo nuclear. El mundo contiene hoy suficientes armas para hacerlo volar en pedazos 50 veces. La así llamada "seguridad" está basada en la certeza de que es posible destruirse mutuamente. ¡Qué terrible ironía! Ser el más fuerte no significa seguridad, ya que aún le queda al oponente un recurso, es decir, ¡ser el primero en oprimir el botón! Si llegara a haber una guerra nuclear, nadie ganaría; en realidad, es probable que nadie sobreviviera. En vista de esta terrible amenaza para la humanidad, la esperanza para el futuro descansa solamente en los actos soberanos de Dios.

Frente a problemas abrumadores y con la creencia de que Jesús pronto volverá a buscar a su iglesia, algunos evitan su responsabilidad de servirle en nuestra era. Dicen, "Para que sirve, todo terminará pronto". Esta actitud pretende conocer demasiado, porque nadie sabe cuando volverá el Señor. Se estima que la mitad de las personas de nuestro mundo no ha oído hablar de Cristo, y la Biblia dice, "De tal manera amó Dios al mundo que dio a su Hijo..." Este amor quiere decir que a él le importa este mundo perdido; todavía no ha terminado su obra en él. Su mandato para nosotros es que estemos activos hasta que él venga, que vayamos por todo el mundo haciendo discípulos. Nosotros los cristianos todavía hacemos planes para mañana, esperamos ver a nuestros bisnietos y plantamos árboles, mientras al mismo tiempo esperamos ansiosamente su venida. La esperanza pone sentido a la vida; como Pablo dice, somos salvados por la esperanza (Romanos 8:24).

La esperanza forma y guía a la comunidad de fe en medio de las celebraciones de la vida. Esta comunidad del pacto ha de funcionar como una comunidad que interpreta. Es decir, nos relacionamos con otros cristianos para poder probar y descernir las voces proféticas que nos señalan la voluntad de Dios. Como Dios no se contradice y no es caprichoso, podemos interpretar los actos de su voluntad en relación con los acontecimientos de nuestros tiempos. Al hacer esto, captamos la manera en que la fe religiosa puede mantener su vitalidad. En el testimonio cristiano partimos de donde las personas se encuentran en su vida y pensamiento. Pablo ilustró esto en el Areópago cuando se dirigió a los atenienses. Hizo notar la obsesión de los atenienses en cuanto a la religión, al extremo de haber levantado un altar dedicado "al dios desconocido". Pablo empezó diciendo: "Al que vosotros adoráis, pues, sin conocerle, es a quien yo os anuncio" (Hechos 17:23). En nuestra evangelización, necesitamos esa misma habilidad para encontrarnos con las personas que buscan la verdad, allí donde se hallan en ese momento de sus vidas. La sociedad moderna ha desarrollado la capacidad de vivir superficialmente. Tratamos de satisfacernos con cosas materiales en lugar de buscar el sentido pleno de la vida. Los artistas y los poetas son a menudo los profetas que revelan esto, haciéndonos un llamado a encontrar los significados más profundos aún en las cosas simples. Nos ayudan a apreciar la belleza y el encanto de una hoja que cae, de un ave que vuela, de una nube que flota. Nos invitan a poner nuestra fe en práctica en la vida diaria. Nos ayudan a descubrir los significados que pueden enriquecer nuestra esperanza cuando las fantasías de la vida se derrumban.

La esperanza nos libera de creer que somos criaturas con un destino fatalmente predeterminado. En nuestra evangelización es posible que con frecuencia encontremos actitudes de fatalismo que se emplean para escapar de la necesidad de actuar responsablemente. Puede que las personas digan, "No puedo evitar haber nacido así", o "Por supuesto usted puede ser cristiano, ya que fue criado en un hogar cristiano". Pero el evangelio afirma que Jesús nos ha dado una nueva opción—podemos ser nuevas criaturas si lo elegimos a él. La fe es la respuesta que tenemos para una realidad que escapa a nuestro control. Es una actitud de apertura a Dios que le da libertad para actuar como Dios de nuestras vidas. La fe es esperanza que es capaz de percibir un sentido en las cosas aún en medio de contradicciones. Es libertad que se eleva por encima de las propias limitaciones. En lugar de resignarnos a las circunstancias que no podemos controlar, podemos acercarnos a Dios con esperanza. Al acercarnos, sentimos que alguien de lo alto nos toma de la mano.

La esperanza nos ayuda a mantener nuestra visión enfocada correctamente en medio de una variedad de corrientes de pensamientos. El secularismo es una amenaza al reconocimiento de la presencia de Dios. Orienta la vida poniendo a la humanidad en el centro como si Dios no existiera. El humanismo coloca a un lado la verdad bíblica afirmando que conocemos la verdad solamente mediante el análisis científico. Pasa por alto el hecho de que la verdad acerca de cualquier persona es siempre verdad revelada. El existencialismo dice que somos un fin en nosotros mismos, que las cosas tienen el sentido que nosotros mismos les damos. Por lo tanto, dice que todo lo que hay, todo lo que tenemos, es la capacidad de pensar y de sentir. No es capaz de ver "al Dios que está allí", que nos llama para que le escuchemos y caminemos con él. El pecado no es una configuración de transgresiones menores; es el rechazo a ser íntegro, a estar abierto a Dios.

La libertad para vivir abiertamente es la esencia de la esperanza. En lugar de vivir con temor, podemos andar por la fe. Cuando reconocemos las acciones de Dios en el mundo, aprendemos del pasado, nos encaminamos de acuerdo a su futuro, y vivimos confiados en sus promesas para el presente. La esperanza no es un deseo expresado ciegamente; la esperanza es vigorosa y vista como una verdadera posibilidad en la vida.

E. Stanley Jones escribió que en Foochow, China, habían tres tumbas, una al lado de la otra. Dos hijas de una viuda de Australia habían ido allí como misioneras. Ambas habían sido asesinadas. Cuando la madre recibió la noticia, en lugar de amargarse y llenarse de odio vendió todo lo que tenía y fue a la China. Aprendió el idioma, fundó una escuela, y dedicó los últimos 20 años de su vida a servir a los chinos. Cuando murió, fue enterrada al lado de sus hijas. Jones dice, "Uno no puede abatir un espíritu como ése".

Dios se nos ha revelado en Cristo, asegurándonos que nos ama y acepta. En la historia esta revelación nos ha sido dada en formas humanas y en los últimos tiempos en la forma humana de Jesús. Debemos recordar que una luz demasiado brillante no sirve como luz. Un reflector enfocado en nuestros ojos no nos permite ver. Así es que Dios limitó la revelación de su gloria total a aquello que somos capaces de ver o captar. De su manera de presentarnos su gracia podemos aprender para la evangelización. No vamos a emplear un reflector de teología para ganar al no cristiano para la fe; encenderemos una vela en testimonio, un testimonio que atraiga a las personas al Salvador. Y aún mediante este método, habrá personas que vendrán a nosotros como fueron a Felipe, y nos dirán, "Señor,...quisiéramos ver a Jesús" (Juan 12:21).

14

EVANGELIZACION Y CAMBIO SOCIAL

El Espíritu del Señor está sobre mí, por cuanto me ha ungido para dar buenas nuevas a los pobres; me ha enviado a sanar a los quebrantados de corazón; a pregonar libertad a los cautivos, y vista a los ciegos; a poner en libertad a los oprimidos; a predicar el año agradable del Señor. *Lucas 4:18-19.*

Cuando hubieron orado, el lugar en que estaban congregados tembló; y todos fueron llenos del Espíritu Santo, y hablaban con denuedo la palabra de Dios. Y la multitud de los que habían creído era de un corazón y un alma, y ninguno decía ser suyo propio nada de lo que poseía, sino que tenían todas las cosas en común. Y con gran poder los apóstoles daban testimonio de la resurrección del Señor Jesús, y abundante gracia era sobre todos ellos. Así que no había entre ellos ningún necesitado; porque todos los que poseían heredades o casas, las vendían, y traían el precio de lo vendido, y lo ponían a los pies de los apóstoles; y se repartía a cada uno según su necesidad. *Hechos 4:31-35.*

Jesús citó a Isaías como la base de su misión. Isaías en su palabra profética puso juntos la proclamación evangélica y el servicio social. A través de todo su ministerio Jesús proclamó el evangelio y respondió a una variedad de necesidades humanas. Se negó a limitar el mensaje de Dios a palabras, porque así, su justicia no sería mayor que la justicia de los ecribas y fariseos (Mateo 5:20). Tampoco hizo publicidad de su servicio a la gente, para no impedirles que vinieran al Padre por la fe. Sabía que la fe es un don de Dios y no el resultado de buenas acciones (Juan 6:63-65). Al hacer nuevas todas las cosas, Cristo toca cada uno de los aspectos de nuestro orden social. Esta influencia de Cristo hace que la sociedad deba dar cuentas a Dios.

Una de las mejores definiciones de la evangelización resultó de un estudio ordenado por el Arzobispo William Temple en 1918. El estudio dice, "Evangelizar es presentar a Jesucristo en el poder del Espíritu Santo, para que hombres y mujeres puedan poner su confianza en Dios a través de él, aceptarle como su Salvador, servirle como su Rey, en la comunidad de la iglesia y en las vocaciones de la vida común". Predicar el evangelio y vivir como ciudadanos responsables son caras de la misma moneda. Evangelizar es llevar a las personas a Cristo y a su reino espiritual; es llamar a las personas a servirle de una nueva forma y así producir cambio en la sociedad.

Lo más difícil para el cambio social es corregir nuestro uso del poder. Jesús nos enseña a emplear el poder personal para beneficiar a los otros y nunca para explotarlos. Su amor permite a sus discípulos usar poder sin transformarse en tiranos y sin manipular a los otros. En el reino de Dios, el poder es la posibilidad de entablar relaciones valiosas, y no dominar a las personas. En la comunidad del Rey nos hacemos uno con todas las gentes por las que Cristo murió. Reconocemos en Jesús el camino de la libertad de Dios para cada persona. Esta libertad es tanto para los líderes como para los seguidores, sin tomar en cuenta su rango en la sociedad. La más grande libertad en la sociedad es la libertad en Cristo. Libertad para encontrar la realización plena de la personalidad en su gracia.

Jesús nos llama a perseguir los asuntos de mayor peso en la voluntad de Dios—justicia, misericordia y fe (Mateo 23:23). Nos llama a ser pacificadores en un mundo de violencia y guerra. Debemos practicar el amor hacia nuestros enemigos, elegir caminos no violentos en un mundo donde los hombres están enloquecidos por el poder. Tenemos que caminar en santidad en un mundo moralmente pervertido. Y debemos vivir en esperanza en un mundo desesperado e infiel.

Gordon Alport dijo, "Las intenciones que uno tiene para el futuro tienen más poder para dar forma a su vida que las experiencias del pasado." Esto es cierto por la gracia de Cristo. El toma las circunstancias de nuestros tiempos, que no podemos controlar, y las transforma en algo bueno. Como él ha actuado a nuestro favor, podemos acercarnos a él. Como nos libera de la atadura de las circunstancias, tenemos libertad para movilizarnos en nuevas direcciones. Nuestra libertad para dar un nuevo rumbo a nuestra vida es posible solamente en Cristo. Evangelizar es, por lo tanto, invitar a las personas a conocer a este Cristo, de quien Pablo escribe que "nos dio libertad para que seamos libres" (Gálatas 5:1 VP).

Nuestra creencia en la separación de iglesia y estado no nos prohibe dar testimonio al estado. Nosotros, siendo también ciudadanos, tenemos responsabilidad de llamar a la comunidad más amplia a vivir al nivel más alto posible de moralidad. Pero no tratamos de hacer el trabajo del reino de Cristo mediante mandatos provenientes de los reinos humanos. Al contrario, le pedimos al estado que asegure para la iglesia la libertad de funcionar en la sociedad como lo hacen otros movimientos. Esa libertad nos permite dar testimonio de las cualidades cristianas de la vida. Estas virtudes se transforman en poder para la corrección y el enriquecimiento del orden social en beneficio de todas las gentes. Nuestro testimonio en pro de la justicia y la paz es un llamado al orden social de respetar y velar por el bien de todos.

Como cristianos, estamos llamados a considerar la no violencia de Cristo como nuestro nuevo estilo de vida. El ofrece un método para el cambio por medio de la no violencia. Los cristianos tratamos de dar testimonio de Cristo y de sus valores para la conducta humana, en lugar de formular un sistema de conducta para la sociedad. Llamamos a las personas a someterse a la voluntad de Cristo. Como dice Alan Walker, "La evangelización está sobre suelo firme cuando puede demostrar que las preocupaciones sociales surgen de la realidad teológica del evangelio."

Nuestro mundo es cada vez más urbano. Se predice que para el año 2000 la población mundial habrá llegado a cerca de seis billones. Más tremendo aún es que se estima que el 85 por ciento vivirán en ciudades, y la mitad de ellos en condiciones miserables. ¡Esta situación puede significar que el peligro de que en tal sociedad predomine la violencia sea el mayor problema que debamos enfrentar! Esto llama claramente a los cristianos a practicar una calidad de amor que les permita volver la otra mejilla y caminar otra milla. Un amor así hará que la voluntad de Dios penetre en la vida social de nuestra sociedad. Oremos que el poder del amor de Dios nos traiga una paz estable.

PARA UN ESTUDIO MAS PROFUNDO

González, Justo L. *La era de los conquistadores.* Editorial Caribe, Miami, Florida, 1980.

Keeney, William. *La estrategia social de Jesús.* Ediciones Evangélicas Europeas, Barcelona, España, 1978.

Padilla, C. Rene. *El Evangelio hoy.* Ediciones Certeza, Buenos Aires, Argentina, 1975.

Stott, John R. W. *La misión cristiana hoy.* Ediciones Certeza, Buenos Aires, Argentina, 1977.

Myron S. Augsburger es pastor de la Comunidad Menonita de Washington, capital de los Estados Unidos de América, y es además profesor adjunto de teología en los Seminarios Bíblicos Menonitas Asociados, de Elkhart, Indiana, y en Eastern Seminary, de Virginia. También es moderador de la Asamblea General de la Iglesia Menonita de Norte América por el período 1981-1983.

Fue pastor en iglesias de Sarasota, Florida, y Richmond y Harrisonburg, Virginia. Fue presidente y profesor de teología desde 1965 a 1980 en el Colegio y en el Seminario Eastern, como así también evangelista de las Cruzadas Inter-Iglesias desde 1955. Ha dado conferencias en numerosos colegios y universidades.

Durante los pasados 25 años, Augsburger condujo cruzadas en las principales ciudades de los Estados Unidos, Canadá, el Medio Oriente, Europa, India, Africa, Oriente, América Central y del Sur, y Jamaica.

Es autor de unos 15 libros.

Myron y su esposa, Esther, tienen dos hijos y una hija, todos ellos casados.